AF338037

JÉSUS-CHRIST ET LA FRANCE

DISCOURS

DE

M. LE PASTEUR AUGUSTE METTETAL

Ancien-Président du Consistoire Luthérien de Paris

ET

RÉPONSE

DU

PÈRE HYACINTHE

Recteur de l'Église Gallicane

Seconde édition

SE TROUVE

CHEZ TOUS LES LIBRAIRES DE PARIS

1893

JÉSUS-CHRIST ET LA FRANCE

DISCOURS

DE

M. LE PASTEUR AUGUSTE METTETAL

Ancien Président du Consistoire Luthérien de Paris

ET

RÉPONSE

DU

PÈRE HYACINTHE

Recteur de l'Église Gallicane

Seconde édition

SE TROUVE

CHEZ TOUS LES LIBRAIRES DE PARIS

—

1893

Pour répondre au désir du grand auditoire qui remplissait l'Eglise catholique-gallicane, le dimanche 19 mars 1893, le conseil de paroisse de cette Eglise a cru devoir publier, d'après des sténographies malheureusement très imparfaites, les discours prononcés par M. le pasteur Auguste Mettetal et par M. Hyacinthe Loyson.

Le conseil rappelle que, dans d'autres circonstances, des réunions du même genre ont eu lieu, avec une véritable édification, dans l'Eglise de la rue d'Arras, où l'on a entendu successivement, sur l'invitation de M. Hyacinthe Loyson, et de concert avec lui, MM. les pasteurs Auguste Mettetal, Théodore Monod, Lalot, Prunier, Appia.

Puissent ces quelques pages contribuer au rapprochement de tous les chrétiens dans la préparation de l'Eglise de l'avenir !

COURTIAL.

Mars 1893.

JÉSUS-CHRIST ET LA FRANCE

DISCOURS DE M. A. METTETAL

Mes Frères,

Nous lisons dans le livre des Actes que
les apôtres Pierre et Jean avaient été mis
en prison par les sacrificateurs, sous l'ac-
cusation d'avoir proclamé, parmi le peuple,
la résurrection du crucifié de Golgotha.
Traduits le lendemain devant la Cour suprême de Jérusalem, pour rendre compte
de leurs discours et de leur conduite, bien
loin de se laisser intimider par l'irritation
de ces mêmes hommes qui avaient con-
damné Jésus-Christ, ils se font leurs accu-
sateurs. « Princes du peuple », s'écrient-ils,

« sachez que ce Jésus que vous avez mis au rang des malfaiteurs, est le Messie ; il est le Fils du Très-Haut. Dieu l'a ressuscité des morts : nous en sommes les témoins ; il l'a fait Seigneur et Roi, et il n'y a de salut qu'en lui ni pour vous ni pour le peuple (1). »

Paroles mémorables, mes frères ; paroles qui seront jusqu'à la consommation des âges la consolation et les espérances des enfants d'Adam. Je n'aurais pu en proposer de plus hautes à votre méditation. Quels enseignements nous y trouvons pour les individus et pour les nations !

Ministre de Jésus-Christ, chargé de la plus redoutable des responsabilités, il ne me siérait pas, dans un jour comme celui-ci et devant une telle assemblée, de ne vous parler que de la France. Je dois auparavant avertir mes frères du péril où ils se trouvent ; je dois les supplier de se convertir à Jésus-Christ.

____

(1) Actes IV, 12.

I

Nous sommes tous dans un état de perdition, parce que nous sommes tous dans un état de péché.

Qu'est en effet le péché? Le péché est tout d'abord une rébellion contre Dieu. Nul de nous ne se conforme à la loi divine. Nous avons dit à notre Créateur : « Tu ne seras pas notre Dieu ; tu peux dominer sur le monde, tu peux nous écraser ; mais tu ne règneras pas sur nous. Nous sommes libres et nous entendons agir en hommes libres. » Voilà bien notre commune arrogance, en face de ce Dieu de qui nous tenons toutes choses et qui chaque jour nous renouvelle ses bienfaits. Or, estimez-vous qu'il puisse être indifférent à notre ingratitude? Non, il ne le peut pas : il ne peut pas se renier lui-même; il ne peut pas outrager sa loi; il ne peut pas nous abandonner à une éternelle misère. Il est amour: donc il punit; il est notre père : donc il châtie nos désobéissances, voulant nous détourner de la mort.

Mais qui apaisera sa colère? Qui fera taire sa justice irritée? Qui rendra la paix à nos consciences? Quelle rançon prétendons-nous payer en échange de nos méfaits? Offrirons-nous à Dieu de l'or et de l'argent, des aumônes, des jeûnes, des pèlerinages? Lui bâtirons-nous des hôpitaux, des asiles pour les misérables, des palais fastueux pour les déserteurs du devoir? Des milliers l'ont fait et n'ont point trouvé la paix. Ah! c'est une victime sainte que réclame la conscience humaine; c'est l'immolation d'un Dieu. J'en appelle au témoignage de toutes les nations, de toutes les religions de la terre. Jésus-Christ, nouvel Adam; Jésus-Christ, notre représentant; Jésus-Christ crucifié : voilà le Rédempteur que réclame l'humanité; voilà le Sauveur.

Bien vieille doctrine! dira quelque moqueur. Bien vieille, en effet, puisqu'elle date des premiers jours du monde. Doctrine surannée et pourtant toujours nouvelle. Essayez donc de vous en passer. Essayez

de tranquilliser votre conscience réveillée
sans lui montrer la croix. Demandez aux
plus grands saints ce qu'ils en pensent.
Non, non, aucun autre nom que celui de
Jésus n'a la vertu de rendre la paix au
pécheur : ne la demandez ni au pape, ni à
Luther, ni à Marie. Redisons-le, procla-
mons-le bien haut : point de pardon qu'en
Jésus-Christ, mort pour nos offenses et ressuscité pour notre justification (1).

Mais j'ai hâte de vous faire considérer, mes
frères, que le péché n'est pas seulement une
révolte contre Dieu : il est aussi une maladie.
Il s'attache à l'âme et la tourmente miséra-
blement, comme la lèpre s'attache au corps
et le dévore. Dès lors, point de bonheur,
point de félicité réelle, sans la destruction
totale du péché, sans la régénération du pécheur par le Saint-Esprit. Fussiez-vous dans
la première place du paradis de Dieu, si vous
y avez apporté la lèpre du péché, je veux
dire un cœur inconverti et irréconcilié,

(1) Romains IV, 25.

votre paradis ne sera qu'un enfer. Dites-moi? pensez-vous qu'un fils de roi, consumé par un mal cruel, soit heureux dans le palais de son père?

Mais qui sera notre médecin ? qui nous donnera un cœur nouveau ? Sera-ce nous-même ? Ou tout autre fils d'Adam ? Ne le croyez pas, mes frères. Notre médecin, c'est Jésus-Christ, et il opère notre guérison en prenant possession de nos cœurs. S'il n'est pas en nous et si nous ne vivons pas en lui, nulle guérison possible; point de salut.

Mais par quel miracle sommes-nous faits une même plante avec le Fils de Dieu ? Par quel miracle sommes-nous mis en possession de la plénitude de sa vie, de sa sainteté, de son amour? Ce miracle, c'est celui de la foi, celui de la Parole de Dieu enracinée en nous. Ecoutez, sur cette doctrine, les magistrales paroles du grand apôtre aux chrétiens d'Ephèse : « Vous êtes sauvés par la grâce, par le moyen de la foi; et cela ne vient pas de vous, c'est le don de Dieu; ce n'est point

par les œuvres, afin que personne ne se glo-
rifie. Car nous sommes son ouvrage, ayant
été créés en Jésus-Christ pour les bonnes
œuvres, que Dieu a préparées d'avance, afin
que nous y marchions (1).

O mes frères, que l'Evangile est beau!
Qu'il est consolant! Quel trésor inépuisable
de paix, de sainteté, de joie! Heureux,
bien heureux sont ceux qui croient au Fils
de Dieu, qui l'aiment et qui le servent!

Mais c'est assez parler de nous-mêmes;
il est temps de tourner nos regards du
côté de notre peuple.

II

S'il est vrai, mes frères, qu'il n'y ait de
salut pour l'homme qu'en Jésus-Christ, il
est également vrai qu'il est l'unique sauveur
des nations. La destinée des peuples ne
saurait différer de celle des individus. Il est
donc permis d'affirmer que toute nation
qui ne craint pas Dieu, qui ne vit pas en

____
(1) Ephésiens, II, 8-10.

Dieu, qui renie Jésus-Christ, marche à sa perte. Aussi, voyez de quelles défaillances morales, de quelles iniquités, de quels scandales elle est le théâtre! O mon peuple, tremble pour ton avenir et pour l'avenir de tes enfants! Si tu persévères dans ton irréligion, tu verras des calamités plus grandes que celles de Jérusalem, plus grandes que celles de Rome livrée au sac des barbares. Hâte-toi donc de t'affranchir des sophistes qui t'égarent, des corrupteurs qui te déshonorent et qui précipitent ton agonie.

Mais qui ramènera la France à Dieu et à Jésus-Christ?

C'est vous, mes frères, vous, catholiques et protestants de cet auditoire! Oui, il est en votre pouvoir de conjurer la ruine de la patrie. Et que faut-il pour épargner à nos enfants et pour nous épargner à nous-mêmes les plus poignantes désolations? Il faut que nous devenions un peuple d'apôtres, un peuple de missionnaires; il faut que nous répandions l'Evangile de Jésus-Christ dans la France entière ; il faut surtout que nous soyons un cœur et une âme.

Unis, les chrétiens de France sauveront la patrie ; divisés, ils seront les artisans de ses malheurs. Protestants et catholiques, prenez-y garde : vos divisions, vos rivalités, vos étroitesses, sont une pierre de scandale pour ces millions de français qui soupirent après l'évangile et que vous retenez dans les liens de l'incrédulité : vous en répondrez devant le tribunal de Jésus-Christ.

Entendez-vous persévérer dans vos coupables querelles ?

Eh quoi ! le flot de l'incrédulité nous monte à la gorge ; les fondements sont renversés ; la société s'effondre ; le christianisme lui-même est en péril ; et nous luthériens, nous réformés, nous catholiques, nous nous déchirons les uns les autres ! Sommes-nous donc aveugles ? Avons-nous perdu la raison ?

O Dieu ! aurais-tu prononcé sur nous, sur nos enfants et sur la France, tes malédictions suprêmes ?

Mes frères, mes bien-aimés frères en Jésus-

Christ, catholiques et protestants, ah ! je vous en conjure, ne lassons pas la patience de Dieu. Et vous, chefs de sectes, croyez-vous que les vrais chrétiens subiront à jamais votre joug ? Ne craignez-vous pas que la tempête de Dieu ne se déchaîne quelque jour sur vos têtes et n'emporte vos Eglises ?

Ministres de Jésus-Christ et vous, pères et mères ; vous lettrés ; vous hommes du peuple ; vous en particulier femmes chrétiennes — car c'est vous qui tenez entre vos mains les destinées de la patrie — levons-nous tous, mes frères ; soyons courageux, soyons virils. Vengeons le Fils de Dieu de ses affronts ; vengeons son Eglise de ses mépris ; délivrons-la de ses hontes. Consolons, consolons notre peuple ! ayons enfin pitié de lui !

Et vous, cher et vénéré frère en Christ, pasteur de ce troupeau, hâtez-vous de quitter cette enceinte où vous étouffez. Courez à de nouveaux combats et à de nouveaux outrages. Soyez l'apôtre de la France. Que votre voix retentisse dans nos villes et dans nos campagnes. Homme de douleur, portez courageusement votre croix. Acceptez le calice que les Scribes et les Pharisiens vous présentent ; buvez-le jusqu'à la dernière goutte. Imitez votre Maître ; marchez sur les traces des Paul, des Boniface, des Huss, des Luther. Vous êtes de la race des héros : conduisez-vous en héros. Vous êtes de la race des martyrs : immolez-vous pour Jésus-Christ et pour la France.

Amen.

ALLOCUTION DU PERE HYACINTHE

Je ne vous dirai que quelques mots, mes frères, et cela pour deux raisons : la première, c'est que je suis trop ému pour faire autre chose; la seconde, c'est que vraiment, je n'ai plus rien à dire après ce que vous avez entendu.

Vous avez entendu cette éloquence du cœur, la première de toutes, qui, partie des régions profondes de l'âme, est sûre de pénétrer aux mêmes profondeurs, chez ceux qui l'écoutent.

Ceux d'entre vous qui avaient pu entendre notre cher ami, M. le pasteur Mettetal, au Congrès international des vieux catholiques, à Lucerne, ont reconnu l'accent vibrant et saintement passionné avec lequel il avait plaidé et gagné devant cette grande assemblée la cause de l'union des chrétiens.

Cette cause est la nôtre, à tous, celle que je sers moi-même avec une passion ardente, exclusive même, car j'y rapporte comme à un centre unique, comme à une fin suprême, tout ce que j'aime et tout ce que je fais. Ce que M. Mettetal a dit tout à l'heure à mon adresse, avec tant d'amitié, je l'accepte non pour moi, mais pour la cause à laquelle j'appartiens tout entier : la cause de l'union des chrétiens et du salut de la France par Dieu et par Jésus-Christ !

Mais ce que vous a dit notre ami est moins éloquent que sa présence même. C'est une initiative hardie et féconde que celle qu'il a prise aujourd'hui, en venant au milieu de nous, avec les insignes officiels de son minis ère, avec cette robe de pasteur qui représente une église différente de la nôtre, une église que nous respectons d'autant plus que, parmi les églises protestantes, elle est par ses doctrines et par ses traditions l'une de celles qui se rapprochent le plus de notre Église. Il est venu parmi des chrétiens qui veulent des réformes, sans doute,

des réformes profondes, mais qui veulent
en même temps garder pieusement le nom
de catholiques et continuer, en la trans-
formant, l'Eglise de leurs pères. L'accueil
enthousiaste que vous venez de lui faire a
prouvé à M. le pasteur Mettetal que vous
l'avez compris; mais tous les catholiques ne
sont pas animés du même esprit que vous,
mes frères, et il y a, chez les protestants
eux-mêmes, des routines et des étroitesses
qu'on ne s'attendrait pas à y trouver. M. Mettetal n'en a point tenu compte, et, en faisant
cela, il a ouvert une voie nouvelle, il a pris
rang, sans le savoir peut-être, parmi les fon-
dateurs de l'Eglise de l'avenir !

Un des pasteurs les plus autorisés de
l'Eglise réformée de France m'écrivait :
« Qui nous donnera de voir une Eglise
évangélique qui ne soit pas protestante, une
Eglise catholique qui ne soit pas romaine ! »
Excellente formule, qui ne nous empêche
point d'accepter celle de M. Mettetal, lors-
qu'il affirme que nous devons être catholiques et protestants à la fois : protestants

pour rejeter l'erreur, catholiques pour garder la vérité.

On ne peut dignement affirmer la vérité catholique, si l'on n'a auparavant protesté contre les erreurs parasites qui s'y sont mêlées. On n'a pas le droit de parler au nom de l'Eglise primitive, celle que notre credo nomme « une, sainte, catholique et apostotolique », si l'on n'a énergiquement protesté contre tout ce qui s'est introduit de superstitieux et de fanatique dans l'enseignement de ses ministres ou dans la pratique de ses fidèles, par la faute des hommes, par la faute des temps aussi, car les hommes ne sont pas toujours les seuls coupables; il y a des erreurs qui sont nées, qui ont grandi sans qu'on puisse dire quel homme en fut l'auteur. Oui, nous protesterons et jusqu'au dernier souffle, contre le faux et le mal, d'où qu'il vienne, non seulement dans l'église romaine, mais dans les autres églises, contre toutes les oppressions de la conscience, contre toutes les adultérations de la doctrine, contre tout ce qu'on nous donne comme étant la parole du Christ, quand c'est simplement la parole de l'homme, parole toujours discutable et souvent erronée. En agissant de la sorte, nous ne ferons qu'imiter les docteurs et les saints du moyen âge qui réclamaient « la réforme de l'Eglise dans son chef et dans ses membres. » Protestantisme éternel qui a toujours vécu au sein de l'Eglise catholique, qui a été sa gloire et qui sera son salut !

Et quand nous avons ainsi protesté, quand nous avons nié et, autant qu'il est en nous, détruit l'erreur, nous nous sentons le droit — le droit et le devoir — d'affirmer, de proclamer, de propager la foi véritablement catholique, la foi qui n'est pas celle de Luther, qui n'est pas celle de Calvin, ni celle des papes, ni celle des patriarches de Constantinople, ni celle des archevêques de Cantorbéry, mais la foi de Jésus-Christ, notre unique Maître, la foi de ses apôtres, envoyés par lui pour enseigner les hommes en son nom, la foi des premiers croyants, et des premiers conciles de l'Eglise universelle.

C'est cette foi-là qui éclaire et purifie les âmes, et qui relève les peuples ; et quand on l'aura prêchée à la France, c'est elle qui la sauvera ! Amen.

APPENDICE

Déclaration à l'Église catholique, signée à Utrecht, le 24 septembre 1889, par Jean Heykamp, archevêque d'Utrecht, Gaspard-Jean Rinkel, évêque de Harlem, Cornelius Dipendal, évêque de Devonter, Joseph-Hubert Reinkens, évêque de l'Église des Vieux-Catholiques d'Allemagne, Edouard Herzog, évêque de l'Église des Chrétiens Catholiques de Suisse :

Nous espérons que, tout en tenant ferme à la foi de l'ancienne Église non encore divisée, les théologiens réussiront à obtenir une entente sur les questions qui, depuis, ont divisé l'Église.

En attendant, nous exhortons les ecclésiastiques placés sous notre direction à accentuer avant tout, dans leur prédication et dans leur enseignement, *les vérités essentielles de la foi chrétienne, auxquelles adhèrent les diverses confessions séparées;* à éviter avec soin, en traitant les points encore controversés, toute sorte de froissement de la vérité et de la charité; à montrer enfin par la parole et par l'exemple aux membres de nos paroisses de quelle manière ils doivent se conduire à l'égard de ceux qui professent une croyance différente de la leur, s'ils veulent agir dans l'esprit de Jésus-Christ, qui est notre rédempteur, à tous.

Déclaration du Congrès ancien-catholique international, tenu à Lucerne en septembre 1892.

Le Congrès verrait avec joie des réunions fraternelles s'organiser *entre les membres des différentes communautés chrétiennes :* réunions d'édification, de charité, de secours mutuels et de bonnes œuvres, *sans distinctions confessionnelles.*

Le Congrès rappelle que les anciens-catholiques, toujours désireux de témoigner leurs sentiments de tolérance et de fraternité, n'ont jamais cessé d'offrir et qu'ils offrent encore aujourd'hui, avec une parfaite sincérité, la co-jouissance de leurs églises et de leurs chapelles, à la seule condition d'une réciprocité non moins sincère. Il insiste d'autant plus sur ce point qu'il considère la co jouissance des églises, *entre chrétiens,* non seulement comme une marque de respect et de fraternité, mais encore comme un excellent moyen de rétablir la paix religieuse, plus nécessaire que jamais, et de fortifier en même temps la liberté des consciences.

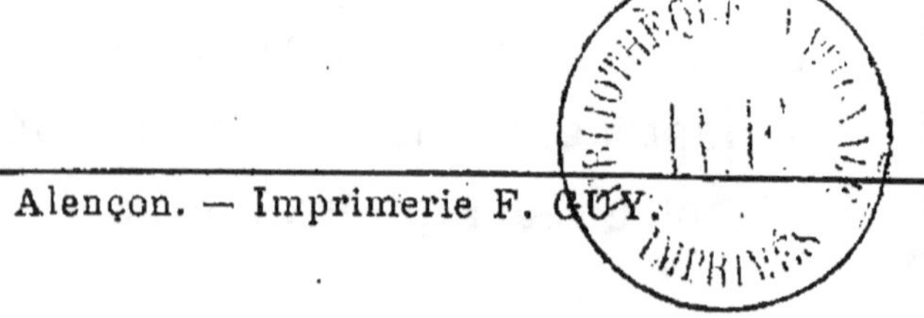

Alençon. — Imprimerie F. GUY.

ALENÇON. — IMPRIMERIE F. GUY